Jacqueline Böttcher

Pudding

Bassermann

Vorwort

Wer kann sich nicht erinnern, in seiner Kindheit mit einem cremigen milchig-süßen Pudding verwöhnt oder getröstet worden zu sein. Die Lieblingsspeise wurde mit echter Schokolade zubereitetet und schmeckte am besten mit frisch geschlagener Sahne oder einer leckeren Sauce.

Auch heute kann sich keiner den kleinen Gaumen- und Seelenschmeichlern entziehen: wenn der heiße Pudding im Kochtopf blubbert und das verführerische Aroma von Vanille oder Schokolade durch die Küche zieht, ist das schon ein Genuss für sich – aber in Kombination mit Nüssen, Früchten, Keksen oder feinen Gewürzen wird aus dem schlichten Pudding ein köstliches Dessert, womit Sie auch Ihre Gäste überraschen können.

Fertigmischungen aus der Tüte sind zwar praktisch, enthalten aber oft künstliche Aromen. Wer darauf verzichten möchte, kann die Zutaten für die kleinen zarten Leckereien im Handumdrehen selbst zusammenmischen und dabei nach Lust und Laune experimentieren. Verwenden Sie für höchsten Genuss stets beste und frischeste Zutaten – wenn möglich in Bio-Qualität. Wie Ihnen die Puddinge immer sicher gelingen und wie Sie sie noch bereichern können, lesen Sie auf Seite 4.

Lassen Sie sich von den Rezepten in diesem Buch inspirieren und verwöhnen Sie sich und Ihre Lieben mit den himmlischen Puddingvariationen.

Inhalt

Fünf Tipps für den perfekten Puddinggenuss

1 Naschen nicht erlaubt!

Der menschliche Speichel enthält das Enzym Amylase, was die Stärke des Puddingpulvers zersetzt und dadurch zur Verflüssigung des Puddings führt. Probieren Sie den Pudding während der Zubereitung also stets mit einem neuen Löffel.

2 Nicht zu voll!

Füllen Sie den Pudding nur so hoch in die Förmchen ein, so dass der große Verschlussdeckel den Pudding nicht berührt. Denn zum Stürzen muss sich auf dem Pudding eine Haut ausbilden, die ihn nach dem Stürzen zusammen hält.

3 Nass machen!

Damit sich der Pudding gut stürzen lässt, müssen die Förmchen mit kaltem Wasser ausgespült werden. Die anhaftenden Wassertropfen verhindern eine direkte Verbindung von Pudding und Gefäßwand. Entfernt man nach dem Stürzen die kleinen Deckel, gleiten die Puddinge noch leichter aus den Förmchen.

4 Richtig auftischen!

Zum Stürzen sollten die Puddinge möglichst kalt sein. Lassen Sie sie daher mindestens 4 Stunden im Kühlschrank gut durchkühlen. Vor dem Servieren sollten Sie die Puddinge jedoch ein paar Minuten bei Zimmertemperatur stehen lassen. Die Puddinge schmecken so intensiver nach den verschiedenen Aromen von Früchten, Schokolade, Likör oder Gewürzen.

5 Und was passt dazu?

Zu den Puddingen passen die klassischen Saucen (siehe Seite 5). Aber auch Obst und Beeren der Saison - frisch oder als Kompott - schmecken toll dazu. Und wer es noch ein bisschen cremiger mag, serviert frisch geschlagene Sahne, Beerensahne oder einen Löffel Crème fraîche dazu. Die kleinen Puddinge können zusätzlich noch verziert werden. Dafür eignen sich zum Beispiel geröstete gehackte oder gehobelte Nüsse (Mandeln, Walnüsse) oder Kokosflocken ebenso wie bunte Zuckerperlen, Schokostreusel- oder -blättchen.

Extra lecker: Puddingsaucen

Klassische Schokoladensauce

Für 4 Personen

1 EL Speisestärke (10 g)
4 EL Kakaopulver (20 g)
500 ml Milch
3 EL Zucker (50 g)
1 Prise Salz

1 Die Speisestärke mit dem Kakaopulver mischen und mit 3 - 4 EL von der Milch glatt verrühren.

2 Die übrige Milch mit Zucker und Salz zum Kochen bringen. Die angerührte Stärke mit einem Schneebesen einrühren und kurz aufkochen.

3 Die fertige Sauce in ein Gefäß gießen und abkühlen lassen.

Klassische Vanillesauce

Für 4 Personen

10 g Speisestärke
500 ml Milch
1 Prise Safranpulver (nach Belieben)
30 g Zucker
1 Päckchen Vanillezucker
1 Prise Salz

1 Die Speisestärke mit 2 - 3 EL von der Milch und dem Safranpulver glatt verrühren.

2 Die übrige Milch mit dem Zucker, Vanillezucker und Salz erhitzen. Die angerührte Stärke mit einem Schneebesen einrühren und kurz aufkochen.

3 Die fertige Sauce in ein Gefäß gießen und abkühlen lassen.

Schnelle Beerensauce

Für 4 Personen

300 g Beeren, frisch oder TK (z. B. Brombeeren, Himbeeren, Erdbeeren)
3 EL Zucker
1 EL Zitronensaft

1 Frische Beeren waschen und putzen, tiefgekühlte Beeren auftauen lassen.

2 Die Beeren in einem hohen Gefäß mit Zucker und Zitronensaft pürieren. Das Püree in einen kleinen Topf geben und kurz aufkochen. Dann durch ein feines Sieb streichen und abkühlen lassen.

VARIANTE Für eine fruchtige Beerensahne 300 g Sahne steif schlagen und die abgekühlte Beerensauce locker unterziehen.

Damit sich keine Haut bildet öfter umrühren oder Frischhaltefolie direkt auf die Saucenoberfläche legen.

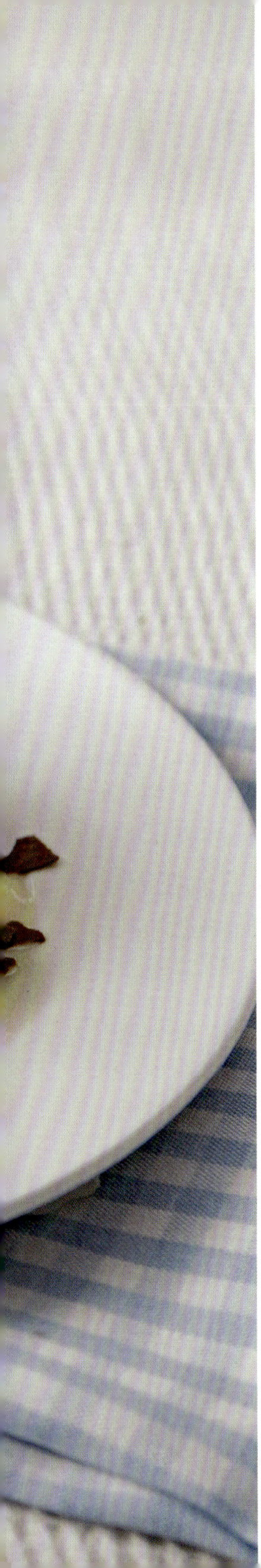

Lieblinge & Neuentdeckte

Echter Vanillepudding

Für 4 Puddingförmchen

4 EL Speisestärke (40 g)
500 ml Milch
1 Prise Safranpulver (nach Belieben)
1 Vanilleschote
2 - 3 EL Zucker (40 g)
10 g Butter
1 Prise Salz

1 Vier Puddingförmchen mit dem kleinem Belüftungsdeckel verschließen und mit kaltem Wasser ausspülen. Die Speisestärke mit etwa 5 - 6 EL von der Milch und ggf. Safranpulver glatt verrühren. Die Vanilleschote längs aufschneiden und das Mark herauskratzen.

2 Die restliche Milch mit Zucker, Butter, Salz, Vanilleschote und -mark bei mittlerer Hitze in einem kleinen Topf zum Kochen bringen. Vom Herd nehmen und die angerührte Stärke mit einem Schneebesen einrühren. Den Topf wieder auf die Herdplatte stellen und den Pudding unter Rühren mindestens 1 Minute kochen lassen.

3 Dann den Topf vom Herd nehmen. Die Vanilleschote entfernen und den noch heißen Pudding in die ausgespülten Förmchen einfüllen.

4 Den Pudding abkühlen lassen, bis sich eine Haut gebildet hat. Dann die Förmchen mit dem großen Deckel verschließen und mindestens 4 Stunden im Kühlschrank kalt stellen.

5 Zum Servieren den Deckel entfernen, den Pudding etwas vom Förmchenrand lösen und auf kleine Teller stürzen, den Belüftungsdeckel öffnen und den Pudding herausgleiten lassen. Dazu passt frisch geschlagene Sahne, Beerensahne oder eine Schokoladensauce (siehe Seite 5).

Echter Schokoladenpudding

Für 4 Puddingförmchen

4 EL Speisestärke (40 g)
500 ml Milch
50 g Bitterschokolade (70 % Kakaomasse)
3 EL Zucker (50 g)
1 TL Vanillezucker
1 Prise Salz

1 Vier Puddingförmchen mit dem kleinem Belüftungsdeckel verschließen und mit kaltem Wasser ausspülen. Die Speisestärke mit etwa 5 - 6 EL von der Milch glatt verrühren. Die Schokolade in Stücke brechen.

2 Die restliche Milch mit Zucker, Vanillezucker und Salz in einem kleinen Topf zum Kochen bringen. Die Schokolade darin schmelzen. Den Topf vom Herd nehmen und die angerührte Stärke mit einem Schneebesen einrühren. Den Topf wieder auf die Herdplatte stellen und den Pudding unter Rühren mindestens 1 Minute kochen lassen.

3 Dann den Topf vom Herd nehmen und den noch heißen Pudding in die ausgespülten Förmchen einfüllen.

4 Den Pudding abkühlen lassen, bis sich eine Haut gebildet hat. Dann die Förmchen mit dem großen Deckel verschließen und mindestens 4 Stunden im Kühlschrank kalt stellen.

5 Zum Servieren den Deckel entfernen, den Pudding etwas vom Förmchenrand lösen und auf kleine Teller stürzen, den Belüftungsdeckel öffnen und den Pudding heraus gleiten lassen. Dazu passt eine Vanillesauce (siehe Seite 5).

Echter Karamellpudding

Für 4 Puddingförmchen

4 EL Speisestärke (40 g)
500 ml Milch
5 EL feinster Zucker (80 g)
1 Prise Zimtpulver
1 Prise Salz

1 Vier Puddingförmchen mit dem kleinem Belüftungsdeckel verschließen und mit kaltem Wasser ausspülen. Die Speisestärke mit etwa 6 EL von der Milch glatt verrühren. Übrige Milch mit 30 g Zucker in einem kleinen Topf erhitzen und warm halten.

2 Den übrigen Zucker in einem zweiten kleinen Topf bei mittlerer Hitze schmelzen und hellbraun karamellisieren. Die heiße Milch vorsichtig zugießen und so lange Rühren, bis sich der Karamell vollständig gelöst hat. Mit Zimt und Salz würzen.

3 Die Karamellmilch aufkochen lassen, vom Herd nehmen und die angerührte Stärke mit einem Schneebesen einrühren. Den Topf wieder auf die Herdplatte stellen und den Pudding unter Rühren mindestens 1 Minute kochen lassen.

4 Den heißen Karamellpudding in die ausgespülten Förmchen einfüllen. Den Pudding abkühlen lassen, bis sich eine Haut gebildet hat. Dann die Förmchen mit dem großen Deckel verschließen und mindestens 4 Stunden im Kühlschrank kalt stellen.

5 Zum Servieren den Deckel entfernen, die Puddinge etwas vom Förmchenrand lösen und auf kleine Teller stürzen, den Belüftungsdeckel öffnen und den Pudding heraus gleiten lassen. Dazu passt echte Schokoladensauce (siehe Seite 5).

Einfacher Grießpudding

Für 4 Puddingförmchen

400 ml Milch
100 ml Sahne
1 Prise Salz
40 - 45 g Grieß
2 - 3 EL Zucker (40 g)
1 TL abgeriebene Zitronenschale

1 Vier Puddingförmchen mit dem kleinem Belüftungsdeckel verschließen und mit kaltem Wasser ausspülen.

2 Milch und Sahne mit Salz in einem kleinen Topf zum Kochen bringen. Grieß, Zucker und abgeriebene Zitronenschale hinzufügen und bei schwacher Hitze etwa 4 - 5 Minuten sanft köcheln lassen.

3 Den heißen Grießpudding in die ausgespülten Förmchen einfüllen. Den Pudding abkühlen lassen, bis sich eine Haut gebildet hat. Dann die Förmchen mit dem großen Deckel verschließen und mindestens 4 Stunden im Kühlschrank kalt stellen.

4 Zum Servieren den Deckel entfernen, den Pudding etwas vom Förmchenrand lösen und auf kleine Teller stürzen, den Belüftungsdeckel öffnen und den Pudding heraus gleiten lassen. Dazu passt gedünstetes Obst (z. B. Pflaumen- oder Apfelkompott).

Marmorierter Frucht-Vanillepudding

Für 4 Puddingförmchen

1 Päckchen Vanillepuddingpulver
250 ml Milch
250 ml Fruchtsaft
(z. B. Himbeere, Aprikose)
2 – 3 EL Zucker (40 g)

1 Vier Puddingförmchen mit dem kleinem Belüftungsdeckel verschließen und mit kaltem Wasser ausspülen.

2 Möglichst zeitgleich nach Packungsanleitung einen Frucht- und einen Vanillepudding kochen. Dafür eine Hälfte des Puddingpulvers mit etwa 3 – 4 EL von der Milch und die andere Hälfte des Puddingpulvers mit 3 – 4 EL von dem Fruchtsaft glatt verrühren. Übrige Milch und übrigen Fruchtsaft in zwei kleinen Töpfen mit je 20 g Zucker zum Kochen bringen. Das angerührte Puddingpulver mit einem Schneebesen in die kochenden Flüssigkeiten einrühren und unter Rühren mindestens 1 Minute kochen lassen.

3 Die beiden Puddinge noch heiß abwechselnd in die ausgespülten Förmchen einfüllen. Die Puddingschichten mit einem Löffelstiel vorsichtig spiralförmig durchziehen, so dass ein Marmormuster entsteht.

4 Den Pudding abkühlen lassen, bis sich eine Haut gebildet hat. Dann die Förmchen mit dem großen Deckel verschließen und mindestens 4 Stunden im Kühlschrank kalt stellen.

5 Zum Servieren den Deckel entfernen, den Pudding etwas vom Förmchenrand lösen und auf kleine Teller stürzen, den Belüftungsdeckel öffnen und den Pudding herausgleiten lassen.

Kuhfleckenpudding

Für 4 Puddingförmchen

1 Päckchen Vanillepuddingpulver
4 EL Kakaopulver (20 g)
500 ml Milch
2 - 3 EL Zucker (40 g)

1 Vier Puddingförmchen mit dem kleinem Belüftungsdeckel verschließen und mit kaltem Wasser ausspülen.

2 Möglichst zeitgleich einen Schokoladen- und einen Vanillepudding kochen. Für den Schokoladenpudding 250 ml Milch abmessen und die Hälfte des Puddingpulvers mit dem Kakaopulver mischen.
Das Puddingpulver mit 3 – 4 EL von der Milch glatt verrühren. Übrige Milch mit 20 g Zucker zum Kochen bringen. Das angerührte Schokopuddingpulver mit einem Schneebesen einrühren und unter Rühren mindestens 1 Minute kochen lassen. Aus den übrigen Zutaten einen Vanillepudding zubereiten.

3 Die beiden Puddinge noch heiß esslöffelweise abwechselnd in die ausgespülten Förmchen einfüllen.

4 Den Pudding abkühlen lassen, bis sich eine Haut gebildet hat. Dann die Förmchen mit dem großen Deckel verschließen und mindestens 4 Stunden im Kühlschrank kalt stellen.

5 Zum Servieren den Deckel entfernen, den Pudding etwas vom Förmchenrand lösen und auf kleine Teller stürzen, den Belüftungsdeckel öffnen und den Pudding herausgleiten lassen.

Cappuccino-Schokopudding

Für 4 Puddingförmchen

1 Päckchen Schokopuddingpulver
3 – 4 EL Zucker (50 g)
300 ml Milch
125 g Sahne
75 ml starker Espresso
1 – 2 EL Kaffeelikör (nach Belieben)

1 Vier Puddingförmchen mit dem kleinem Belüftungsdeckel verschließen und mit kaltem Wasser ausspülen.

2 Den Cappuccino-Schokopudding nach Packungsanleitung mit Zucker, Milch, Sahne, Espresso und eventuell Kaffeelikör zubereiten.

3 Den Topf vom Herd nehmen und den noch heißen Pudding in die ausgespülten Förmchen einfüllen.

4 Den Pudding abkühlen lassen, bis sich eine Haut gebildet hat. Dann die Förmchen mit dem großen Deckel verschließen und mindestens 4 Stunden im Kühlschrank kalt stellen.

5 Zum Servieren den Deckel entfernen, den Pudding etwas vom Förmchenrand lösen und auf kleine Teller stürzen, den Belüftungsdeckel öffnen und den Pudding herausgleiten lassen.

Chaipudding

Für 4 Puddingförmchen

2 Kardamomkapseln
1 Gewürznelke
3 schwarze Pfefferkörner
1 Stück frischer Ingwer (ca. 15 g)
4 EL Speisestärke (40 g)
500 ml Milch
2 - 3 EL Rohrohrzucker (40 g)
1/2 TL gemahlener Zimt
4 TL schwarzer Tee (z. B. Assam)

1 Vier Puddingförmchen mit dem kleinem Belüftungsdeckel verschließen und mit kaltem Wasser ausspülen. Kardamom, Nelke und Pfefferkörner in einem Mörser grob zerstoßen. Den Ingwer schälen und klein hacken.

2 Die Stärke mit etwa 5 - 6 EL Milch glatt verrühren. Die übrige Milch mit Zucker, Zimt, gehacktem Ingwer und den zerstoßenen Gewürzen in einem kleinen Topf zum Kochen bringen. Vom Herd nehmen und abgedeckt ca. 15 Minuten ziehen lassen. Dann die Gewürzmilch nochmals aufkochen und die Teeblätter zugeben. Den Topf vom Herd nehmen und abgedeckt 3 Minuten ziehen lassen.

3 Die Tee-Gewürz-Milch durch ein Sieb in einen zweiten Topf abgießen und erneut erhitzen. Die angerührte Stärke mit einem Schneebesen einrühren. Den Pudding zum Kochen bringen und unter Rühren mindestens 1 Minute kochen lassen. Den Topf vom Herd nehmen und den heißen Pudding in die ausgespülten Förmchen einfüllen.

4 Den Pudding abkühlen lassen, bis sich eine Haut gebildet hat. Dann die Förmchen mit dem großen Deckel verschließen und mindestens 4 Stunden im Kühlschrank kalt stellen.

5 Zum Servieren den Deckel entfernen, den Pudding etwas vom Förmchenrand lösen und auf kleine Teller stürzen, den Belüftungsdeckel öffnen und den Pudding herausgleiten lassen. Dazu passt Vanille- oder Schokosauce (siehe Seite 5).

Mokka-Karamellpudding

Für 4 Puddingförmchen

1 Päckchen Karamellpuddingpulver
2 – 3 EL Rohrohrzucker (40 g)
250 ml Milch
200 g Sahne
50 ml starker Espresso
2 EL Kaffeelikör (nach Belieben)

1 Vier Puddingförmchen mit dem kleinem Belüftungsdeckel verschließen und mit kaltem Wasser ausspülen.

2 Den Karamellpudding nach Packungsanleitung mit Zucker, Milch, Sahne, Espresso und eventuell Kaffeelikör zubereiten.

3 Den Topf vom Herd nehmen und den noch heißen Pudding in die ausgespülten Förmchen einfüllen.

4 Den Pudding abkühlen lassen, bis sich eine Haut gebildet hat. Dann die Förmchen mit dem großen Deckel verschließen und mindestens 4 Stunden im Kühlschrank kalt stellen.

5 Zum Servieren den Deckel entfernen, den Pudding etwas vom Förmchenrand lösen und auf kleine Teller stürzen, den Belüftungsdeckel öffnen und den Pudding herausgleiten lassen. Dazu passt eine Vanillesauce (siehe Seite 5).

Schoko-Minz-Pudding

Für 4 Puddingförmchen

50 g Pfefferminzschokolade
4 EL Speisestärke (40 g)
2 EL Kakaopulver (10 g)
500 ml Milch
2 – 3 EL Zucker (40 g)
1 Prise Salz

1 Vier Puddingförmchen mit dem kleinem Belüftungsdeckel verschließen und mit kaltem Wasser ausspülen. Die Schokolade in Stücke brechen.

2 Die Stärke mit dem Kakaopulver mischen und mit etwa 6 EL von der Milch glatt verrühren. Die restliche Milch mit Zucker und Salz in einem kleinen Topf erhitzen, die Schokolade unter Rühren darin schmelzen.

3 Die angerührte Stärke mit einem Schneebesen einrühren. Den Pudding unter Rühren mindestens 1 Minute kochen lassen.

4 Den Topf vom Herd nehmen und den noch heißen Pudding in die ausgespülten Förmchen einfüllen.

5 Den Pudding abkühlen lassen, bis sich eine Haut gebildet hat. Dann die Förmchen mit dem großen Deckel verschließen und mindestens 4 Stunden im Kühlschrank kalt stellen.

6 Zum Servieren den Deckel entfernen, den Pudding etwas vom Förmchenrand lösen und auf kleine Teller stürzen, den Belüftungsdeckel öffnen und den Pudding herausgleiten lassen.

Vanille-Nougat-Pudding

Für 4 Puddingförmchen

1 Päckchen Vanillepuddingpulver
2 EL Zucker (30 g)
500 ml Milch
50 g Nuss-Nougat

1 Vier Puddingförmchen mit dem kleinem Belüftungsdeckel verschließen und mit kaltem Wasser ausspülen.

2 Den Vanillepudding nach Packungsanleitung mit Zucker und Milch zubereiten. Etwa ¾ des heißen Vanillepuddings in den Förmchen verteilen.

3 Das Nougat unter den übrigen Pudding rühren. Den Nougatpudding in einen Spritzbeutel mit großer Lochtülle füllen und vorsichtig in den Vanillepudding spritzen, bis die Förmchen voll gefüllt sind.

4 Den Pudding abkühlen lassen, bis sich eine Haut gebildet hat. Dann die Förmchen mit dem großen Deckel verschließen und mindestens 4 Stunden im Kühlschrank kalt stellen.

5 Zum Servieren den Deckel entfernen, den Pudding etwas vom Förmchenrand lösen und auf kleine Teller stürzen, den Belüftungsdeckel öffnen und den Pudding herausgleiten lassen. Dazu passt frisch geschlagene Sahne oder eine Beerensauce (siehe Seite 5).

Chili-Kardamom-Pudding

Für 4 Puddingförmchen

4 EL Speisestärke (40 g)
1 Msp. Kardamompulver
1/2 TL Chilipulver
4 EL Kakaopulver (20 g)
500 ml Milch
40 g Bitterschokolade (70 % Kakaomasse)
2 EL Zucker (30 g)
1 Prise Salz

1 Vier Puddingförmchen mit dem kleinem Belüftungsdeckel verschließen und mit kaltem Wasser ausspülen. Die Speisestärke mit den Gewürzen und dem Kakaopulver mischen und mit etwa 6 EL von der Milch glatt verrühren. Die Schokolade in Stücke brechen.

2 Die restliche Milch mit Zucker und Salz in einem kleinen Topf erhitzen, die Schokoladenstücke darin schmelzen. Die Milch aufkochen lassen, vom Herd nehmen und die angerührte Stärke mit einem Schneebesen einrühren. Den Topf wieder auf die Herdplatte stellen und den Pudding unter Rühren mindestens 1 Minute kochen lassen.

3 Dann den Topf vom Herd nehmen. Den noch heißen Pudding in die ausgespülten Förmchen einfüllen.

4 Den Pudding abkühlen lassen, bis sich eine Haut gebildet hat. Dann die Förmchen mit dem großen Deckel verschließen und mindestens 4 Stunden im Kühlschrank kalt stellen.

5 Zum Servieren den Deckel entfernen, den Pudding etwas vom Förmchenrand lösen und auf kleine Teller stürzen, den Belüftungsdeckel öffnen und den Pudding herausgleiten lassen. Dazu passt eine Vanillesauce (siehe Seite 5).

Fruchtig & knusprig

Zitronen-Frischkäse-Pudding

Für 4 Puddingförmchen

2 - 3 EL Speisestärke (25 - 30 g)
250 ml Milch
150 g Frischkäse
4 - 5 EL Zucker (70 g)
1 Biozitrone

1 Vier Puddingförmchen mit dem kleinem Belüftungsdeckel verschließen und mit kaltem Wasser ausspülen. Die Speisestärke mit etwa 5 - 6 EL von der Milch glatt verrühren. Die Schale der Biozitrone fein abreiben und 4 EL Saft auspressen. Den Frischkäse mit Zucker, Zitronenschale und -saft verrühren.

2 Die restliche Milch in einem kleinen Topf leicht erwärmen. Den Zitronenfrischkäse einrühren und die Mischung zum Kochen bringen. Vom Herd nehmen und die angerührte Stärke mit einem Schneebesen einrühren. Den Topf wieder auf die Herdplatte stellen und den Pudding unter Rühren mindestens 1 Minute kochen lassen.

3 Dann den Topf vom Herd nehmen und den noch heißen Pudding in die ausgespülten Förmchen einfüllen.

4 Den Pudding abkühlen lassen, bis sich eine Haut gebildet hat. Dann die Förmchen mit dem großen Deckel verschließen und mindestens 4 Stunden im Kühlschrank kalt stellen.

5 Zum Servieren den Deckel entfernen, den Pudding etwas vom Förmchenrand lösen und auf kleine Teller stürzen, den Belüftungsdeckel öffnen und den Pudding herausgleiten lassen.

Fruchtiger Erdbeerpudding

Für 4 Puddingförmchen

250 g Erdbeeren, frisch oder TK
1 Päckchen Erdbeerpuddingpulver
100 ml Milch
100 g Sahne
1 EL Zitronensaft
2 EL Zucker (30 g)
1 Päckchen Vanillezucker

1 Vier Puddingförmchen mit dem kleinem Belüftungsdeckel verschließen und mit kaltem Wasser ausspülen. Frische Beeren verlesen, abspülen und trocken tupfen, TK-Beeren auftauen lassen. Das Puddingpulver mit etwa 5 – 6 EL von der Milch verrühren.

2 Die Erdbeeren mit dem Zitronensaft pürieren. Das Erdbeerpüree mit der übrigen Milch und der Sahne auf 500 ml auffüllen, ggf. noch etwas mehr Milch zugeben. Die Erdbeermilch mit Zucker und Vanillezucker in einem Topf erhitzen. Das angerührte Puddingpulver mit einem Schneebesen einrühren und den Pudding unter Rühren mindestens 1 Minute kochen lassen.

3 Den heißen Erdbeerpudding in die ausgespülten Förmchen einfüllen. Den Pudding abkühlen lassen, bis sich eine Haut gebildet hat. Dann die Förmchen mit dem großen Deckel verschließen und mindestens 4 Stunden im Kühlschrank kalt stellen.

4 Zum Servieren den Deckel entfernen, den Pudding etwas vom Förmchenrand lösen und auf kleine Teller stürzen, den Belüftungsdeckel öffnen und den Pudding herausgleiten lassen. Dazu passt eine Vanillesauce (siehe Seite 5).

Blaubeer-Vanille-Pudding

Für 4 Puddingförmchen

4 EL Speisestärke (40g)
500 ml Milch
1 Vanilleschote
2 - 3 EL Zucker (40 g)
1 Prise Salz
4 EL Holunderblütensirup
100 g Blaubeeren, frisch oder TK

1 Vier Puddingförmchen mit dem kleinem Belüftungsdeckel verschließen und mit kaltem Wasser ausspülen. Die Speisestärke mit etwa 5 - 6 EL von der Milch glatt verrühren. Die Vanilleschote längs aufschneiden und das Mark herauskratzen.

2 Die restliche Milch mit Zucker, Salz, Holunderblütensirup, Vanilleschote und -mark in einem kleinen Topf zum Kochen bringen. Vom Herd nehmen und die angerührte Stärke mit einem Schneebesen einrühren. Den Topf wieder auf die Herdplatte stellen und den Pudding unter Rühren mindestens 1 Minute kochen lassen.

3 Dann den Topf vom Herd nehmen. Die Vanilleschote entfernen und die Blaubeeren unterrühren. Den noch heißen Pudding in die ausgespülten Förmchen einfüllen.

4 Den Pudding abkühlen lassen, bis sich eine Haut gebildet hat. Dann die Förmchen mit dem großen Deckel verschließen und mindestens 4 Stunden im Kühlschrank kalt stellen.

5 Zum Servieren den Deckel entfernen, den Pudding etwas vom Förmchenrand lösen und auf kleine Teller stürzen, den Belüftungsdeckel öffnen und den Pudding herausgleiten lassen. Dazu passt frisch geschlagene Sahne oder eine Vanillesauce (siehe Seite 5).

Kirsch-Schokopudding

Für 4 Puddingförmchen

40 g Bitterschokolade (70 % Kakaomasse)
150 g Sauerkirschen, frisch oder TK
500 ml Milch
1 Päckchen Schokopuddingpulver
2 – 3 EL Zucker (40 g)

1 Fünf Puddingförmchen mit dem kleinem Belüftungsdeckel verschließen und mit kaltem Wasser ausspülen. Die Schokolade grob hacken.

2 Frische Kirschen waschen, halbieren und entsteinen, TK-Kirschen 5 Minuten antauen lassen.

3 Die Milch erhitzen und die Schokoladenstückchen darin schmelzen. Den Schokopudding nach Packungsanleitung mit der Schokomilch und Zucker zubereiten.

4 Die vorbereiteten Kirschen und die gehackte Schokolade unter den heißen Pudding rühren, sofort in die Förmchen einfüllen. Den Pudding abkühlen lassen, bis sich eine Haut gebildet hat. Dann die Förmchen mit dem großen Deckel verschließen und mindestens 4 Stunden im Kühlschrank kalt stellen.

5 Zum Servieren den Deckel entfernen, den Pudding etwas vom Förmchenrand lösen und auf die Biskuitböden stürzen, den Belüftungsdeckel öffnen und den Pudding herausgleiten lassen. Dazu passt geschlagene Sahne oder eine Vanillesauce (siehe Seite 5).

Rote-Grütze-Pudding

Für 5 Puddingförmchen

200 g gemischte Beeren, frisch oder TK
1 gehäufter EL Speisestärke (15 g)
100 ml Sauerkirschsaft
4 EL Zucker (60 g)
1 Päckchen Vanillepuddingpulver
500 ml Milch

1 Fünf Puddingförmchen mit dem kleinem Belüftungsdeckel verschließen und mit kaltem Wasser ausspülen. Frische Beeren verlesen, TK-Beeren 5 Minuten antauen lassen. Speisestärke mit 2 EL von dem Sauerkirschsaft glatt verrühren.

2 Die Beeren mit 20 g Zucker und übrigem Sauerkirschsaft in einen Topf geben und zum Kochen bringen. Die angerührte Stärke einrühren und einmal kurz aufkochen lassen. Den Topf vom Herd nehmen und die Beerengrütze abkühlen lassen.

3 Den Vanillepudding nach Packungsanleitung mit Milch und übrigem Zucker zubereiten.

4 Den Topf vom Herd nehmen und die Förmchen zu ¾ mit dem noch heißen Pudding füllen. Die abgekühlte Beerengrütze in einen Spritzbeutel mit großer Lochtülle füllen und vorsichtig in den Pudding spritzen, bis die Förmchen voll gefüllt sind.

5 Den Pudding abkühlen lassen, bis sich eine Haut gebildet hat. Dann die Förmchen mit dem großen Deckel verschließen und mindestens 4 Stunden im Kühlschrank kalt stellen.

6 Zum Servieren den Deckel entfernen, den Pudding etwas vom Förmchenrand lösen und auf kleine Teller stürzen, den Belüftungsdeckel öffnen und den Pudding herausgleiten lassen. Am besten mit frisch geschlagener Sahne servieren.

Kleine Pudding-Frucht-Kuchen

Für 5 Puddingförmchen

1 kleine Dose Mandarinen
(175 g Abtropfgewicht)
1/2 Päckchen Tortenguss klar
2 EL Zucker (30 g)
250 ml Milch
2 EL Speisestärke (20 g)
5 Biskuittorteletts (Fertigprodukt)

1 Fünf Puddingförmchen mit dem kleinem Belüftungsdeckel verschließen und mit kaltem Wasser aus spülen. Die Mandarinen in einem Sieb abtropfen lassen, Saft dabei auffangen.

2 Die abgetropften Mandarinenfilets in die Förmchen verteilen. Den Tortenguss nach Packungsanleitung mit 1 gestrichenen EL Zucker und 125 ml von dem Mandarinensaft zubereiten. Noch heiß jeweils 2 – 3 EL über den Mandarinenfilets verteilen. Dabei die Förmchen etwas aufklopfen, damit sich der Guss gut verteilt. Abkühlen lassen.

3 Währenddessen für den Pudding die Speisestärke mit 3 EL von der Milch glatt verrühren. Die übrige Milch mit dem übrigen Zucker zum Kochen bringen. Die angerührte Stärke mit einem Schneebesen einrühren und unter Rühren 1 Minute kochen lassen.

4 Den Topf vom Herd nehmen und den noch heißen Pudding auf die Förmchen verteilen.

5 Den Pudding abkühlen lassen, bis sich eine Haut gebildet hat. Dann die Förmchen mit dem großen Deckel verschließen und mindestens 4 Stunden im Kühlschrank kalt stellen.

6 Zum Servieren den Deckel entfernen, den Pudding etwas vom Förmchenrand lösen und auf die Biskuitböden stürzen, den Belüftungsdeckel öffnen und den Pudding herausgleiten lassen. Dazu passt frisch geschlagene Sahne.

Amarettini-Karamellpudding

Für 4 Puddingförmchen

60 g Amarettini
(italienisches Mandelgebäck)
20 g gehackte Mandeln
1 Päckchen Karamellpuddingpulver
500 ml Milch
2 – 3 EL Zucker (40 g)
1 – 2 EL Mandellikör (nach Belieben)

1 Vier Puddingförmchen mit dem kleinem Belüftungsdeckel verschließen und mit kaltem Wasser ausspülen. Die Amarettini in einen Gefrierbeutel geben und mit einem Nudelholz grob zerbröseln. Die Mandeln ohne Fett goldbraun rösten.

2 Den Karamellpudding nach Packungsanleitung mit Milch und Zucker und eventuell Mandellikör zubereiten. Den heißen Pudding auf die Förmchen verteilen.

3 Die Amarettinibrösel auf den Pudding streuen und mit einem Löffel in den noch warmen Pudding leicht eindrücken.

4 Den Pudding abkühlen lassen und mindestens 4 Stunden im Kühlschrank kalt stellen.

5 Zum Servieren den Deckel entfernen, den Pudding etwas vom Förmchenrand lösen und auf kleine Teller stürzen, den Belüftungsdeckel öffnen und den Pudding herausgleiten lassen. Mit gerösteten Mandeln bestreuen.

Schneller Rosinen-Grießpudding

Für 4 Puddingförmchen

2 EL Rum
(ersatzweise Orangensaft)
30 g Rosinen
1 Päckchen Grießpuddingpulver
500 ml Milch
10 g gehackte Pistazien

1 Vier Puddingförmchen mit dem kleinem Belüftungsdeckel verschließen und mit kaltem Wasser ausspülen. Den Rum mit etwas warmem Wasser mischen und die Rosinen darin einweichen.

2 Den Grießpudding nach Packungsanleitung mit der Milch, abgetropften Rosinen und gehackten Pistazien zubereiten. Dabei die Rosinen und Pistazien zusammen mit dem Grießpuddingpulver zur Milch geben.

3 Den Topf vom Herd nehmen und den Pudding in die ausgespülten Förmchen einfüllen.

4 Den Pudding abkühlen lassen, bis sich eine Haut gebildet hat. Dann die Förmchen mit dem großen Deckel verschließen und mindestens 4 Stunden im Kühlschrank kalt stellen.

5 Zum Servieren den Deckel entfernen, den Pudding etwas vom Förmchenrand lösen und auf kleine Teller stürzen, den Belüftungsdeckel öffnen und den Pudding herausgleiten lassen.

Mohn-Mandel-Pudding

Für 4 Puddingförmchen

4 EL Speisestärke (40 g)
500 ml Milch
2 - 3 EL Zucker (40 g)
1 Prise Salz
6 Tropfen Bittermandelaroma
20 g Mohnsamen, gemahlen
20 g gehackte Mandeln

1 Vier Puddingförmchen mit dem kleinem Belüftungsdeckel verschließen und mit kaltem Wasser ausspülen. Die Speisestärke mit etwa 5 - 6 EL von der Milch glatt verrühren.

2 Die restliche Milch mit Zucker, Salz, Bittermandelaroma, Mohnsamen und gehackten Mandeln in einem kleinen Topf zum Kochen bringen. Den Topf vom Herd nehmen und die angerührte Stärke mit einem Schneebesen einrühren. Den Topf wieder auf die Herdplatte stellen, den Pudding nochmals zum Kochen bringen und unter Rühren mindestens 1 Minute kochen lassen.

3 Dann den Topf vom Herd nehmen und den noch heißen Pudding in die ausgespülten Förmchen einfüllen.

4 Den Pudding abkühlen lassen, bis sich eine Haut gebildet hat. Dann die Förmchen mit dem großen Deckel verschließen und mindestens 4 Stunden im Kühlschrank kalt stellen.

5 Zum Servieren den Deckel entfernen, den Pudding etwas vom Förmchenrand lösen und auf kleine Teller stürzen, den Belüftungsdeckel öffnen und den Pudding herausgleiten lassen. Dazu passt eine Beerensahne (siehe Seite 5) oder frische Früchte.

Tiramisu-Pudding

Für 5 Puddingförmchen

8 Löffelbiskuits
3 EL Speisestärke (30 - 35 g)
350 ml Milch
2 - 3 EL Zucker (40 g)
150 g Mascarpone
80 - 100 ml starker Espresso
Kakaopulver zum Bestäuben

1 Fünf Puddingförmchen mit dem kleinem Belüftungsdeckel verschließen und mit kaltem Wasser ausspülen. Die Löffelbiskuits halbieren.

2 Die Speisestärke mit etwa 5 - 6 EL von der Milch glatt verrühren. Die restliche Milch mit Zucker in einem kleinen Topf zum Kochen bringen. Den Topf vom Herd nehmen und die angerührte Stärke mit einem Schneebesen einrühren. Den Topf wieder auf die Herdplatte stellen und den Pudding unter Rühren mindestens 1 Minute kochen lassen.

3 Den Topf vom Herd nehmen und den Mascarpone unter die heiße Puddingmasse rühren. Je 2 EL Mascarponepudding in die ausgespülten Förmchen einfüllen und mit je 2 Löffelbiskuithälften belegen (die Biskuits eventuell noch etwas kürzen). Die Biskuits mit etwas Espresso beträufeln. Eine weitere Schicht Pudding einfüllen und mit übrigen Löffelbiskuits ebenso belegen. Biskuits mit Espresso beträufeln und die Förmchen mit übrigem Pudding auffüllen.

4 Den Pudding abkühlen lassen, bis sich eine Haut gebildet hat. Dann die Förmchen mit dem großen Deckel verschließen und mindestens 4 Stunden im Kühlschrank kalt stellen.

5 Zum Servieren den Deckel entfernen, den Pudding etwas vom Förmchenrand lösen und auf kleine Teller stürzen, den Belüftungsdeckel öffnen und den Pudding herausgleiten lassen. Den Pudding mit Kakaopulver bestäuben.

Zuppa-Inglese-Pudding

Für 4 Puddingförmchen

50 g Cantuccini
(italienisches Mandelgebäck)
50 g gemischte, kandierte Früchte, klein gehackt (z. B. Früchte-Mix von Schwartau)
2 EL Mandellikör
1 Päckchen Sahnepuddingpulver
2 – 3 EL Zucker (40 g)
500 ml Milch

1 Vier Puddingförmchen mit dem kleinem Belüftungsdeckel verschließen und mit kaltem Wasser ausspülen. Cantuccini in einen Gefrierbeutel geben und mit einem Nudelholz zerkleinern. Die kandierten Früchte mit dem Mandellikör mischen.

2 Den Sahnepudding nach Packungsanleitung mit Zucker und Milch zubereiten.

3 Die zerkleinerten Cantuccini mit den kandierten Früchten mischen. Etwas Pudding in die ausgespülten Förmchen einfüllen und die Hälfte der Cantuccini-Frucht-Mischung darauf verteilen. Eine weitere Schicht Pudding einfüllen und die übrige Mischung darauf verteilen. Die Förmchen mit dem übrigen Pudding auffüllen.

4 Den Pudding abkühlen lassen, bis sich eine Haut gebildet hat. Dann die Förmchen mit dem großen Deckel verschließen und mindestens 4 Stunden im Kühlschrank kalt stellen.

5 Zum Servieren den Deckel entfernen, den Pudding etwas vom Förmchenrand lösen und auf kleine Teller stürzen, den Belüftungsdeckel öffnen und den Pudding herausgleiten lassen. Dazu passt frisch geschlagene Sahne.

Orangen-Mandel-Pudding

Für 4 Puddingförmchen

4 EL Speisestärke (40 g)
500 ml Milch
30 g Marzipanrohmasse
1 gehäufter EL Zucker (20 g)
1/2 Päckchen Vanillezucker
100 g gehackte Mandeln
1 TL abgeriebene Orangenschale
1 Prise Salz

1 Vier Puddingförmchen mit dem kleinem Belüftungsdeckel verschließen und mit kaltem Wasser ausspülen. Die Speisestärke mit etwa 5 - 6 EL von der Milch glatt verrühren.

2 Die Marzipanrohmasse mit etwa 200 ml von der Milch in einem kleinen Topf unter Rühren auflösen. Die restliche Milch, Zucker, Vanillezucker, gehackte Mandeln, Orangenschale und Salz zugeben und zum Kochen bringen. Den Topf vom Herd nehmen und die angerührte Stärke mit einem Schneebesen einrühren. Den Topf wieder auf die Herdplatte stellen und den Pudding unter Rühren mindestens 1 Minute kochen lassen.

3 Den Topf vom Herd nehmen und den noch heißen Pudding in die ausgespülten Förmchen einfüllen.

4 Den Pudding abkühlen lassen, bis sich eine Haut gebildet hat. Dann die Förmchen mit dem großen Deckel verschließen und mindestens 4 Stunden im Kühlschrank kalt stellen.

5 Zum Servieren den Deckel entfernen, den Pudding etwas vom Förmchenrand lösen und auf kleine Teller stürzen, den Belüftungsdeckel öffnen und den Pudding herausgleiten lassen. Dazu passen frische Beeren und geschlagene Sahne.

Register

Impressum
ISBN: 978-3-8094-2964-7

Das für diesen Titel verwendete Papier ist FSC®-zertifiziert.

MIX
Papier aus verantwortungsvollen Quellen
FSC® C017997

Umschlag- und Boxgestaltung: Atelier Versen, Bad Aibling
Fotos und Foodstyling: Jacqueline Böttcher, München
Innengestaltung: Ortrud Müller – Die Buchmacher, Köln

Reproduktion: Artilitho snc, Lavis (Trento)
Druck und Verarbeitung: Anpak Printing Ltd., Hongkong
Printed in China

817 2635 4453